Contents

Hobbies & free time 1

Numbers 21 - 40 9

House 16

Towns & cities 22

School 29

Descriptions 35

Spanish word game 42

Spanish - English word list 43

Answers 45

nado   leo    patino

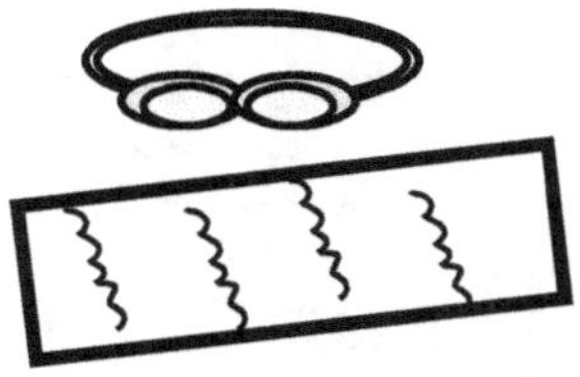

Mis pasatiempos (My hobbies)

juego al balconcesto

juego al fútbol

juego al mini-golf

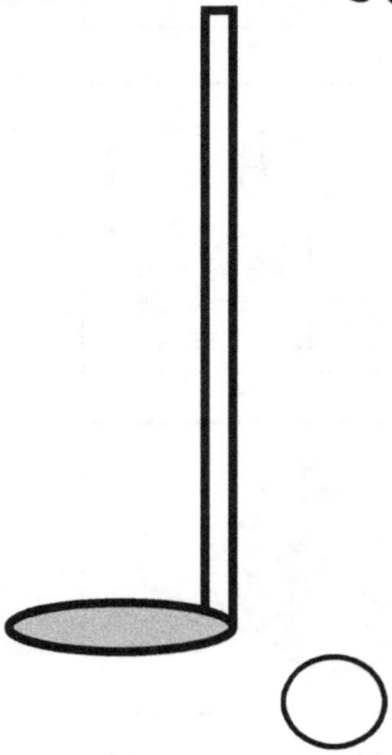

juego al rugby

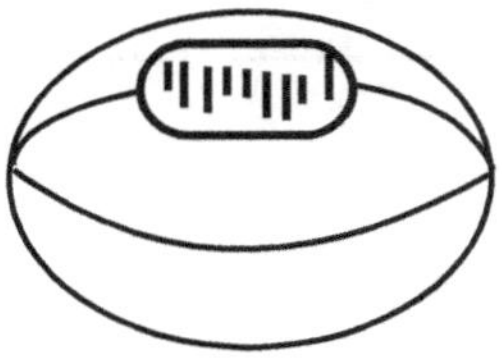

juego al bádminton

juego al tenis

juego al ping-pong

juego = I play

Copia las frases españolas y los dibujos:
(Copy the Spanish phrases and the pictures:)

Empareja las frases con los dibujos:
(Match the phrases and the pictures:)

> No juego al fútbol = I don't play football   No nado = I don't swim
>
> No patino = I don't skate   No leo = I don't read
>
> If you don't do something, Spanish sentences start with **No**

Juego al fútbol…..I play football   Nado …….I swim   No nado …...I don't swim

Juego al mini-golf….I play mini-golf   Patino…….I skate   No patino ….I don't skate

Juego al bádminton… I play badminton   Leo ……….I read   No leo………I don't read

No juego al fútbol…..I don't play football

¿Qué pasatiempos tienes?

(What hobbies do you have?)

Lee las cartas y responde a las preguntas:
(Read the letters and answer the questions:)

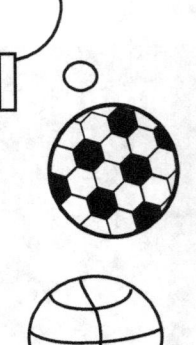

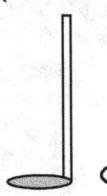

Hola,

¿Qué pasatiempos tienes?

Juego al fútbol, al ping-pong y al mini-golf.

¡Hasta luego!

Rafael

Hola,

Nado, patino y leo.

No juego al tenis.

¡Hasta luego!
    Eva

Hola,

Juego al balconcesto y nado.

No juego al fútbol.

¡Hasta luego!
    Susana

1) Who plays netball / basketball? *Susana*
   _____

2) Who plays football? _____

3) Who reads? _____

4) Who doesn't play tennis? _____

5) Who doesn't play football? _____

6) Who swims? _____   _____

nado	I swim
patino	I skate
leo	I read
juego	I play
al fútbol	football
al tenis	tennis
al mini-golf	mini-golf
al ping-pong	table tennis
al baloncesto	netball
no juego	I don't play

¿Juegas al fútbol?

(Do you play football?)

To ask someone if they play a sport, say ¿Juegas al…..? followed by the sport.   For example:

¿Juegas al fútbol? = Do you play football?

Imagina que quieres saber cuáles son los deportes que una persona juega. (Imagine you what to know which sports someone plays)

Escribe las preguntas en español: (Write the questions in Spanish:)

1) ¿Juegas   al   ping-pong?

2) _____.

3) _____.

4) _____.

5) _____.

6) _____.

7) _____.

ping-pong   fútbol   tenis   rugby   baloncesto   bádminton   mini-golf

Una entrevista (An interview)

Responde a las preguntas: (Answer the questions:)

1) ¿Cómo te llamas?
   Me   llamo
   _____ _____   _____ .

2) ¿Juegas al fútbol?
   _____ .

3) ¿Juegas al mini-golf?
   _____ .

4) ¿Nadas?
   _____ .

5) ¿Patinas?
   _____ .

6) ¿Lees?
   _____ .

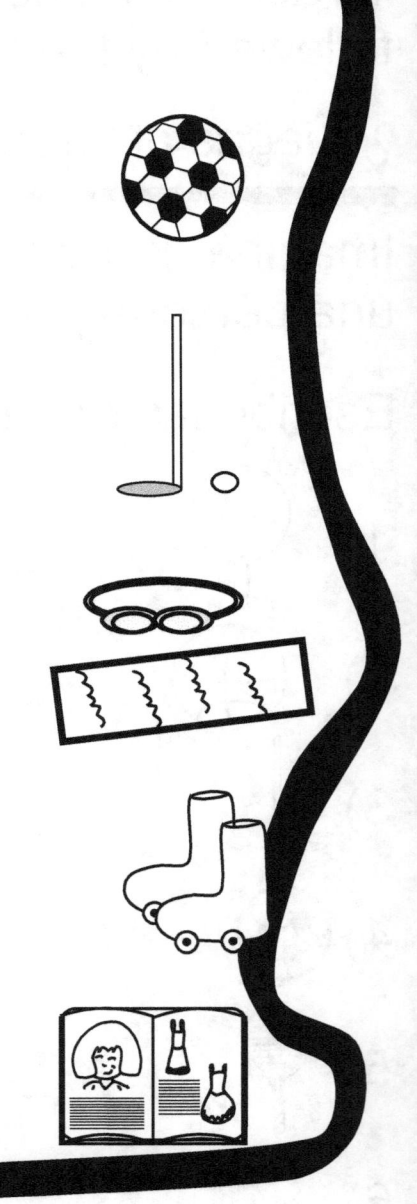

¿Cómo te llamas? ………What is your name?
Me llamo………………My name is……..

¿Juegas al fútbol?……… Do you play football?
Juego al fútbol……………I play football
No juego al fútbol…………I don't play football

¿Juegas al mini-golf?……Do you play mini-golf?
Juego al mini-golf…………I play mini-golf
No juego al mini-golf……..I don't play mini-golf

¿Nadas?………………….Do you swim?
Nado……………………. I swim
No nado…………………I don't swim

¿Patinas? ………………. Do you skate?
Patino……………………. I skate
No patino…………………I don't skate

¿Lees?……………………Do you read?
Leo…………………………I read
No leo……………………I don't read

6

¿Cuándo hace deporte Antonio?

(When does Antonio do sport?)

lunes Juego al baloncesto.	**viernes** Juego al tenis.
martes Patino.	**sábado** Nado.
miércoles Juego al fútbol.	**domingo** Juego al mini-golf.
jueves Leo.	

Escribe en inglés el día de la semana cuando Antonio:
(Write in English the day when Antonio:)

                                Wednesday

1) plays football   _____
2) swims   _____
3) plays netball / basketball   _____
4) reads   _____
5) plays mini-golf   _____
6) skates   _____
7) plays tennis   _____

---

lunes ….. Monday   martes……Tuesday   miércoles …..Wednesday

jueves….Thursday   viernes…. Friday   sábado…Saturday   domingo…Sunday

Mis pasatiempos (My hobbies)

```
            L D Q W
         M I E E J K R O
       N D E X O R F G N L P S
     W A Q S R X L H I K M I N F
     D D U Y N O D T F E N X D Ú
   I A O B W G X A D E E A Q P T I
   Y X G E I B P E X T F H T I B K
   J U K N U H G F B H Y J K N O N
   R W I E N D E P O R T E M G L N
   B M C E J H B E P I N J K P U I
     J B Á D M I N T O N N V O V
     D E P U G F T H L E B N
       B A L O N C E S T O G
         I P A B I G F T
            H G U G
```

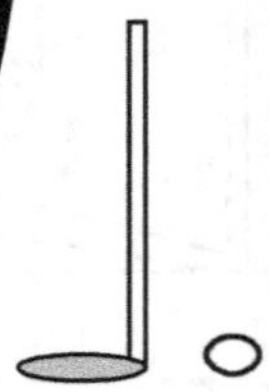

Busca estas palabras: (Find these words:)

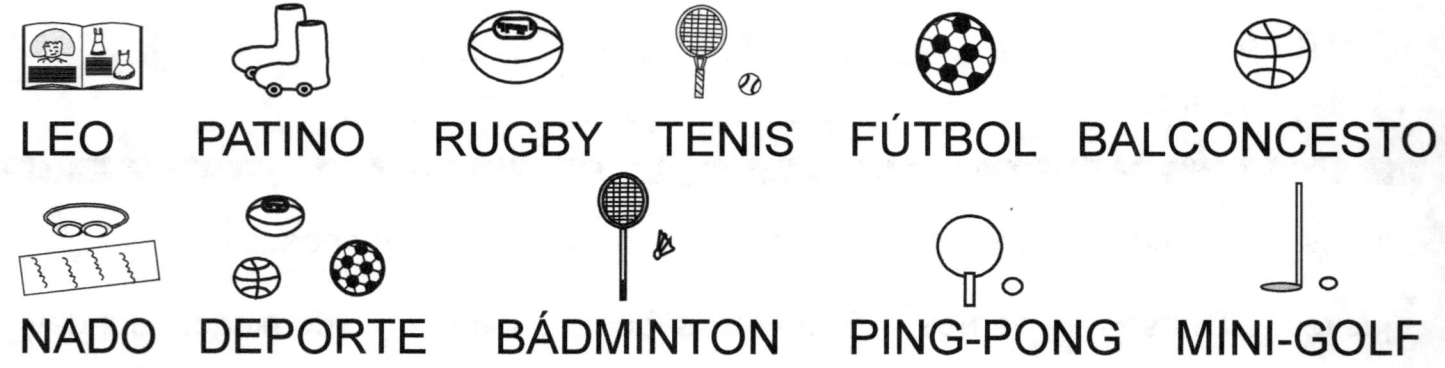

LEO   PATINO   RUGBY   TENIS   FÚTBOL   BALCONCESTO

NADO   DEPORTE   BÁDMINTON   PING-PONG   MINI-GOLF

los números 21 - 40

21	veintiuno	31	treinta y uno
22	veintidós	32	treinta y dos
23	veintitrés	33	treinta y tres
24	veinticuatro	34	treinta y cuatro
25	veinticinco	35	treinta y cinco
26	veintiséis	36	treinta y seis
27	veintisiete	37	treinta y siete
28	veintiocho	38	treinta y ocho
29	veintinueve	39	treinta y nueve
30	treinta	40	cuarenta

Los números 21 - 30

Escribe los números en español: (Write the numbers in Spanish)

a)
veintiuno
_____

b) 23
_____

c) 25
_____

d) 29
_____

e) 24
_____

f) 30
_____

g) 27
_____

h) 28
_____

i) 26
_____

---

20 = veinte   21 = veintiuno   22 = veintidós   23 = veintitrés

24 = veinticuatro   25 = veinticinco   26 = veintiséis   27 = veintisiete

28 = veintiocho   29 = veintinueve   30 = treinta

¡Vamos a multiplicar! (Let's do multiplications!)

Haz las siguientes multiplicaciones:
(Do the following multiplications:)

a) tres x siete = *veintiuno*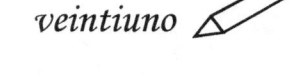

b) cuatro x seis = _____

c) cinco x cinco = _____

d) siete x cuatro = _____

e) tres x diez = _____

f) once x dos = _____

g) nueve x tres = _____

h) dos x trece = _____

i) catorce x dos = _____

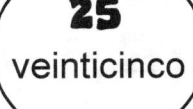  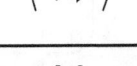

1	2	3	4	5	6	7	8	9	10	11	12	13	14
uno	dos	tres	cuatro	cinco	seis	siete	ocho	nueve	diez	once	doce	trece	catorce

¿Qué número es? (What number is it?)

Rellena los números que faltan:
(Fill in the missing numbers:)

31 treinta y uno
32 treinta y dos
33 treinta y tres
34 treinta y cuatro
35 treinta y cinco
36 treinta y seis
37 treinta y siete
38 treinta y ocho
39 treinta y nueve
40 cuarenta

a) 38 treinta y ocho

b) ____ treinta y nueve

c) ____ treinta y cuatro

d) 33 _____ _____

e) ____ treinta y cinco

f) ____ treinta y uno

g) 36 _____ _____

h) ____ treinta y dos

i) ____ treinta y siete

¡Me gustan las matemáticas! (I like maths!)

Haz los siguientes cálculos: (Do the following calculations:)

treinta y uno

a) veinte + once = _____

b) cuarenta - dos = _____

c) treinta + siete = _____

d) ocho x cuatro = _____

e) cuarenta - uno = _____

f) veinte + trece = _____

g) cinco x siete = _____

h) veinte + veinte = _____

i) cuarenta - seis = _____

1	2	4	5	6	7	8	10	11	13	20	30	31	32
uno	dos	cuatro	cinco	seis	siete	ocho	diez	once	trece	veinte	treinta	treinta y uno	treinta y dos

33	34	35	36	37	38	39	40
treinta y tres	treinta y cuatro	treinta y cinco	treinta y seis	treinta y siete	treinta y ocho	treinta y nueve	cuarenta

¿Qué letras y números faltan?

(What letters and numbers are missing?)

a) [26] veintis _é_ _i_ s

b) [   ] ve _ _ tic _ _ co

c) [   ] treinta y o _ _ o

d) [   ] tr _ _ _ ta y d _ _

e) [   ] v _ _ nt _ cu _ _ ro

f) [   ] ve _ _ titr _ _

g) [   ] _ _ intiu _ _

h) [   ] t _ _ inta y n _ _ ve

i) [   ] trei _ _ a y s _ _ t _

j) [   ] _ _ _ inta y c _ n _ _

k) [   ] vei _ _ _ o _ _ o

l) [   ] _ _ _ in _ _ y _ n _

m) [   ] vei _ _ id _ _

n) [   ] veint _ s _ _ te

21 veintiuno
22 veintidós
23 veintitrés
24 veinticuatro
25 veinticinco
26 veintiséis
27 veintisiete
28 veintiocho
29 veintinueve
30 treinta

31 treinta y uno
32 treinta y dos
33 treinta y tres
34 treinta y cuatro
35 treinta y cinco
36 treinta y seis
37 treinta y siete
38 treinta y ocho
39 treinta y nueve
40 cuarenta

Los números 21 - 40

T	R	E	I	N	T	A	Y	S	I	E	T	E	T	R	E	N	T
V	E	I	H	G	F	G	V	E	I	N	T	I	C	I	N	C	O
T	V	T	R	E	I	N	T	A	Y	C	U	A	T	R	O	T	H
R	K	I	D	O	X	T	R	E	I	N	T	A	Y	T	R	E	S
E	V	X	D	E									V	C	X	Z	T
I	E	W	K	T									E	T	V	X	R
N	I	Q	C	R									I	R	E	T	E
T	H	V	M	E									N	E	I	R	I
A	C	E	K	I									T	I	N	V	N
Y	X	I	L	N									I	X	T	E	T
O	C	N	H	T									N	E	I	I	A
C	X	T	R	A									U	Z	U	X	T
H	V	I	C	Y									E	C	N	X	A
O	E	D	X	U									V	X	O	T	K
T	I	Ó	E	N									E	V	N	L	E
R	J	S	Z	O									I	E	L	T	H
K	V	E	I	N	T	I	C	U	A	T	R	O	R	T	N	Y	G
T	R	E	I	N	T	A	Y	S	E	I	S	A	S	I	W	C	A
K	H	U	P	G	C	T	R	E	I	G	U	X	E	K	I	H	G
V	E	I	N	T	I	O	C	H	O	C	E	V	L	O	U	T	F

Busca: (find:)

20	31
21	33
22	34
24	36
25	37
28	38
29	40
30	

Veinte is 20, but changes to veinti when followed by numbers 1-9.

Treinta is 30, and to say 31, 32 etc simply place **y** between the two words.

1	2	3	4	5	6	7	8	9
uno	dos	tres	cuatro	cinco	seis	siete	ocho	nueve

¿Qué palabra es? (Which word is it?)

Escribe las palabras en español debajo de cada dibujo:
(Write the words in Spanish under each picture:)

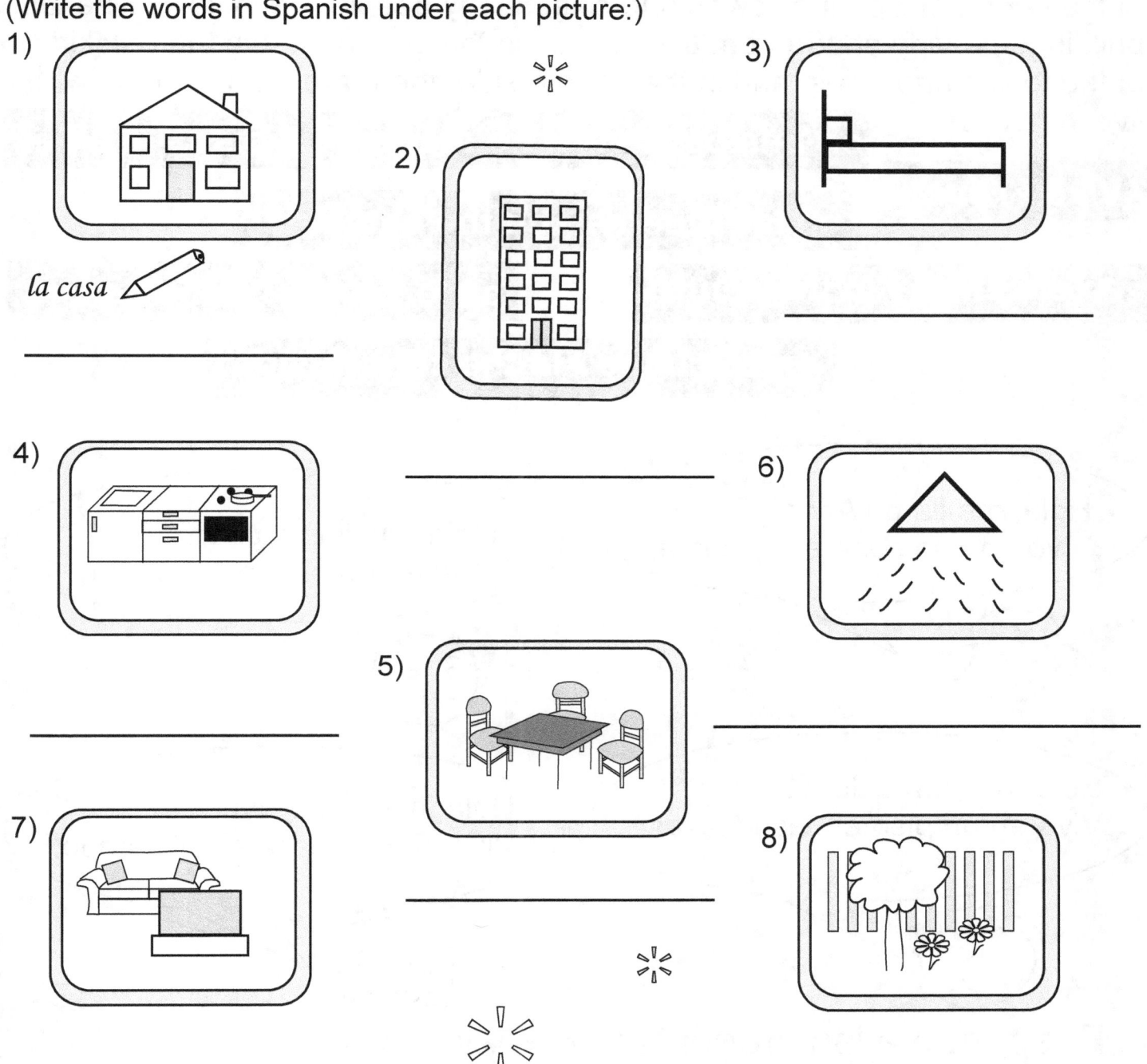

la casa - the house   la cocina - the kitchen   el salón - the living room

el comedor - the dining room   el cuarto de baño - the bathroom

el dormitorio - the bedroom   el jardín - the garden   el piso - the flat

¿Vives en un piso o una casa?

(Do you live in a flat or a house?)

In the centre of Spanish towns and cities many people live in flats. The tall buildings provide shade from the hot sun in the summer. On the outskirts of the towns and cities, and in the countryside, there are many people who live in houses.

en una casa - in a house **en un piso** - in a flat

Vivo - I live

en las afueras - on the outskirts

en el centro - in the centre **en la costa** - on the coast

en el campo - in the countryside

Hola, me llamo Anna.
Vivo en una casa en la costa.

Hola, me llamo Juan.
Vivo en un piso en el centro.

Hola, me llamo José.
Vivo en un piso en las afueras.

Hola, me llamo Eva.
Vivo en una casa en el campo.

Responde a las preguntas: (Answer the questions:)

1) Who lives in a flat in the centre? _____*Juan*_____

2) Who lives in a house in the countryside? _____

3) Who lives in a flat on the outskirts? _____

4) Who lives in a house on the coast? _____

el salón (the living room)   **la cocina** (the kitchen)   **el jardín** (the garden)   **mi dormitorio** (my bedroom)   **el garaje** (the garage)

es = is

pequeño = small   **grande = big**

rojo = red   **azul = blue**   **verde = green**   **lila = lilac**   **rosa = pink**

Empareja las frases: (Match the phrases:)

- El garaje es grande. — The garage is big.
- La cocina es lila.
- La cocina es grande.
- El jardín es pequeño.
- Mi dormitorio es azul.
- El salón es pequeño.
- El salón es rojo.

- The kitchen is big.
- My bedroom is blue.
- The living room is small.
- The kitchen is lilac.
- The living room is red.
- The garden is small.

¿Cómo es tu casa?

(What is your home like?)

Hola,

¿Cómo es tu casa?

En mi casa hay un salón grande y una cocina azul.

Hay tres dormitorios. Mi dormitorio es pequeño pero me gusta mucho mi dormitorio porque es rosa.

Hay un jardín pequeño delante de la casa y un jardín grande detrás de la casa. Me gusta jugar en el jardín. No hay un garaje.

¡Hasta luego!
　　　　Rosa

Lee la carta y responde a las preguntas:
(Read the letter and answer the questions:)

1) Is the living room big or small?　　　*Big* _____

2) What colour is the kitchen?　　　_____

3) Why does Rosa like her room?　　　_____

4) How many bedrooms are there?　　　_____

5) Where does Rosa like to play?　　　_____

---

salón…living room	es……………is	porque……………because
cocina….kitchen	pequeño … .small	hay…………………there is
jardín……..garden	grande………big	no hay……………… there isn't
garaje….garage	azul…………blue	me gusta mucho……I like a lot
mi dormitorio..my bedroom	rosa…………pink	jugar…………………to play
delante de la casa …in front of the house		detrás de la casa…..behind the house

La casa (the house)

C	U	A	R	T	O	D	E	B	A	Ñ	O	W	E	I
G	R	L	A	J	E	S	A	Q	J	C	E	G	L	C
C	O	S	W	J	A	C	O	C	I	N	A	D	Z	O
W	A	K	A	N	M	Y	H	K	H	G	Z	O	E	M
C	L	R	K	N	A	G	F	C	Z	Q	W	R	P	E
F	A	L	W	H	Q	U	G	I	F	C	L	M	Y	D
G	B	A	L	N	G	R	A	N	D	E	H	I	E	O
X	P	E	Q	U	E	Ñ	O	C	H	P	N	T	D	R
S	A	L	O	R	H	G	J	K	P	I	A	O	N	E
T	H	S	C	U	B	A	L	C	Ó	N	C	R	M	N
W	I	C	O	M	E	J	A	R	D	Í	N	I	F	W
P	L	O	S	A	L	Ó	N	J	P	I	H	O	V	M

Busca estas palabras: (Find these words:)

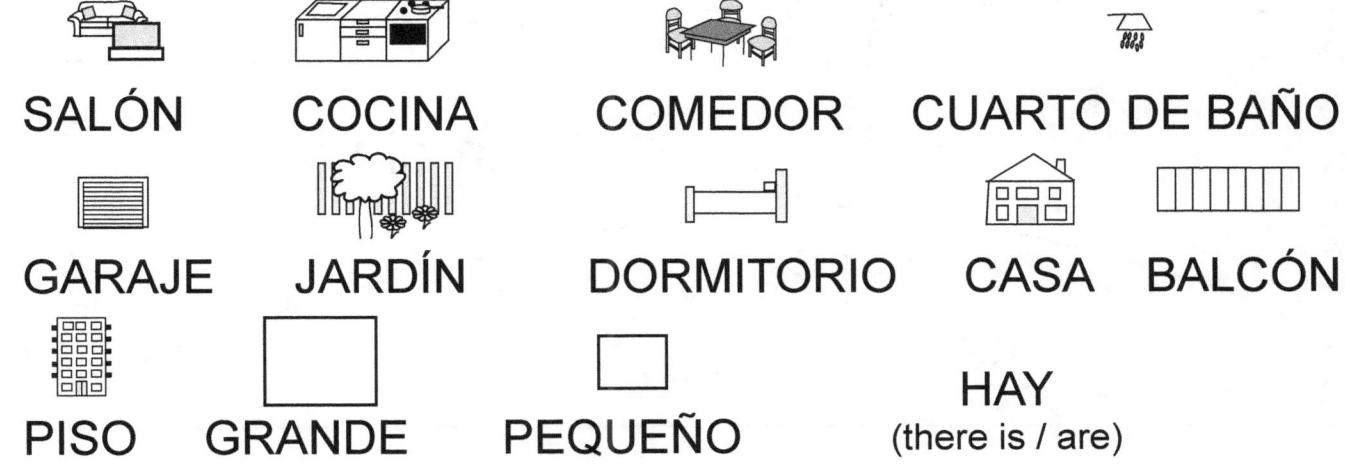

SALÓN   COCINA   COMEDOR   CUARTO DE BAÑO

GARAJE   JARDÍN   DORMITORIO   CASA   BALCÓN

PISO   GRANDE   PEQUEÑO   HAY (there is / are)

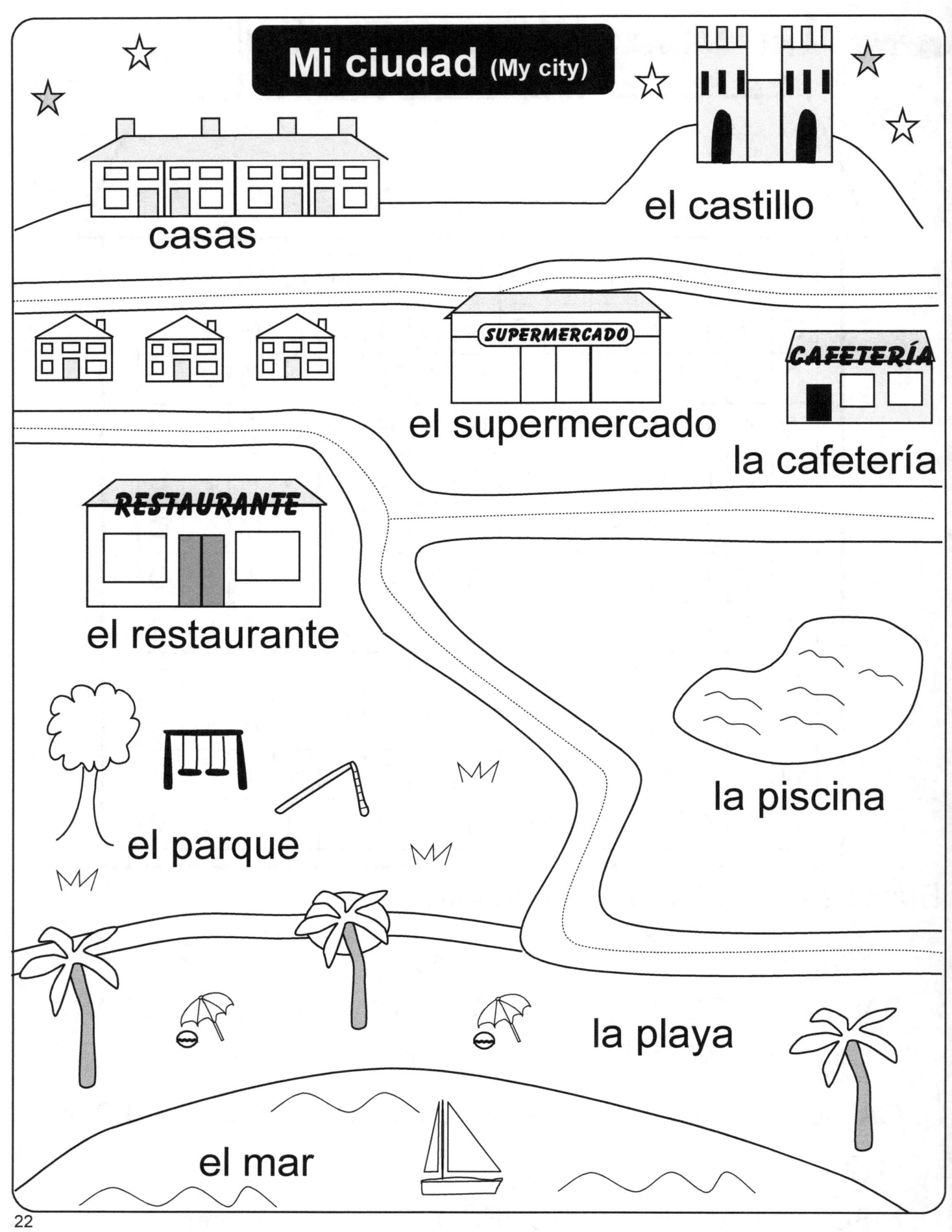

Dibuja tu propia ciudad

(Design your own city)

Lee las palabras y haz los dibujos:
(Read the words and draw the pictures:)

el castillo

el parque

la piscina

el supermercado

casas

el restaurante

la playa

el mar

la cafetería

---

casas - houses   el parque - the park   el supermercado - supermarket

el restaurante - the restaurant   el castillo - the castle   la cafetería - the cafe

la piscina - the swimming pool   la playa - the beach   el mar - the sea

¿Dónde está la playa?

(Where is the beach?)

If you go to Spain, it's very useful to be able to ask where certain places are:

  ¿Dónde está ....?   -   Where is....?

Imagina que estás buscando muchos lugares. Escribe las preguntas en español: (Imagine you are looking for lots of places. Write the questions in Spanish:)

1) ¿Dónde   está   el   restaurante? _____.

2) _____.

3) _____.

4) _____.

5) _____.

6) _____.

7) _____.

8) _____.

---

el parque - the park   el castillo - the castle   la cafetería - the cafe

el restaurante - the restaurant   el supermercado - supermarket

la piscina - the swimming pool   la playa - the beach   el mar - the sea

Language detective time!

In Spanish, both **el** and **la** mean **the** and it is important to remember which nouns use el, and which nouns use la.

Sometimes, we want to change **the** to **a**. For example, instead of saying the supermarket we would say a supermarket.

There are two ways of saying **a** in Spanish. **Un** is used for the nouns that use **el**. And **una** is used for the nouns that use **la**.

the beach	**la** playa	**a** beach	*una playa*
the swimming pool	**la** piscina	**a** swimming pool	
the city	**la** ciudad	**a** city	
the house		**a** house	**una** casa
the flat	**el** piso	**a** flat	**un** piso
the castle	**el** castillo	**a** castle	
the park	**el** parque	**a** park	
the supermarket		**a** supermarket	**un** supermercado
the restaurant	**el** restaurante	**a** restaurant	

In Spanish, nouns are either masculine or feminine.

Masculine nouns begin with either el (the), un (a), los (the plural) or unos (some).

Feminine nouns begin with either la (the), una (a), las (the plural) or unas (some).

25

 # ¿Hay un castillo? (Is there a castle?)

¿Hay…? - Is there…   Hay - there is   No hay - there isn't

Hay un castillo - there is a castle   No hay un castillo - there isn't a castle

1) Lee la carta y responde a las preguntas:
(Read the letter and answer the questions:)

Hola,
En mi ciudad hay una piscina y un parque.
No hay una playa.
¡Hasta luego!
    Eva

a) What is there in Eva's town?

_____ _____

b) What isn't there in Eva's town?

_____

2) ¿Cómo es tu ciudad? Responde a las preguntas:
(What is your town/city like? Answer the questions:)

Answer either: Hay un castillo   OR   No hay un castillo

a) ¿Hay un castillo?   _____

b) ¿Hay una playa?   _____

c) ¿Hay un supermercado?   _____

d) ¿Hay un parque?   _____

e) ¿Hay una piscina?   _____

  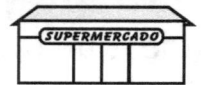  

un castillo   una playa   un supermercado   un parque   una piscina

¿Dónde vives? (Where do you live?)

Hola,

Me llamo Inma. Vivo en Barcelona. Barcelona está en el este de España.

¡Hasta luego!

Inma

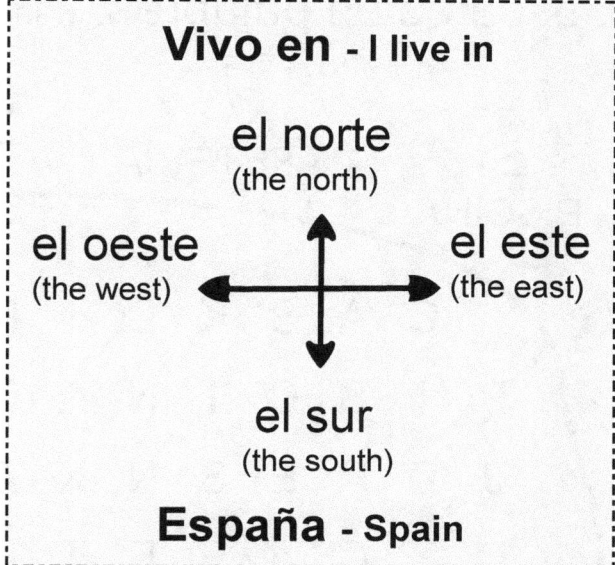

Vivo en - I live in

el norte (the north)
el oeste (the west)
el este (the east)
el sur (the south)

España - Spain

Hola,

Me llamo Miguel. Vivo en Santander. Santander está en el norte de España.

¡Hasta luego!

Miguel

Hola,

Me llamo Anna. Vivo en Vigo. Vigo está en el oeste de España.

¡Hasta luego!

Anna

Hola,

Me llamo Carlos. Vivo en Málaga. Málaga está en el sur de España.

¡Hasta luego!

Carlos

Lee las cartas. Responde a las preguntas:
(Read the letters. Answer the questions:)

1) Who lives in the north of Spain? _Miguel_

2) Who lives in the south of Spain? _____

3) Who lives in the east of Spain? _____

4) Who lives in the west of Spain? _____

La ciudad (the town / city)

Busca estas palabras: (Find these words:)

 la PISCINA
 la CAFETERÍA
 la PLAYA
 el MAR
 el SUPERMERCADO
 el RESTAURANTE
 el CASTILLO
 las CASAS
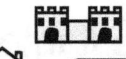 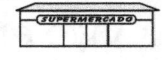  la CIUDAD

```
C A S K L I N X É E K V C
P I S C I N A Q F J K I H I
J D R E S N X A K H G V C U
D X C A F E T E R Í A E R D
E J G K L E E F C A H U H A
M A E H P L A Z E H E E D
C E C A S T I L L O C B
W D X M A H G E J E H E E
R E S T A U R A N T E J K
C X S E G E G Z E R G E G
W A C E G Z E D A C R G D
S C I U X H Q M E H E G B
A E H C A X E G C A O E G X
C W S U P E R M E R C A D O S
D E G E G E H L U H Y G J W
D C P L A Y A E S X K
```

In Spanish there are four different ways of saying our word "the" : el, la, los, las.
These words do not appear in the word search.

28

Copia las frases españolas y los dibujos:

(Copy the Spanish phrases and the pictures:)

 el español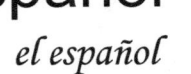
el español
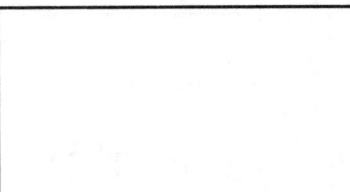

_____

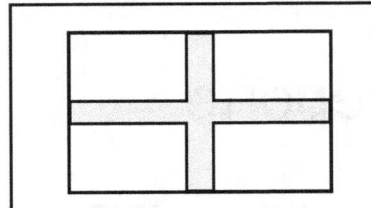 el inglés

_____

 el dibujo

_____

 el deporte

_____

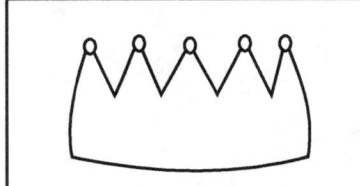 la historia

_____

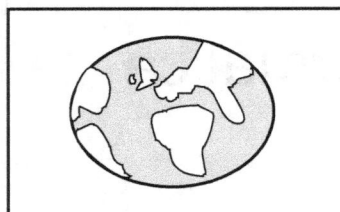 la geografía
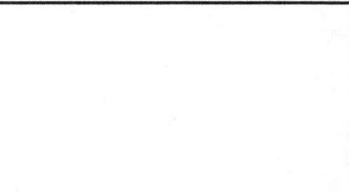

_____

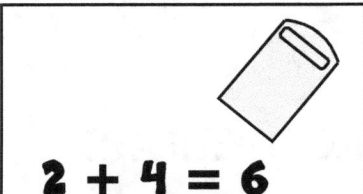 las matemáticas

_____

¿Te gusta el español?

(Do you like Spanish?)

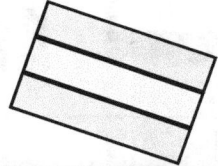

¿Te gusta ...? (Do you like ...?)   **Me gusta** (I like) ☺   **No me gusta** (I don't like) ☹

Me gusta el español

1a) ¿Te gusta el español? _____

b) ¿Te gusta el inglés? _____

c) ¿Te gusta la música? _____

d) ¿Te gusta el deporte? _____

e) ¿Te gusta el dibujo? _____

f) ¿Te gusta la historia? _____

2) **If you are asking someone if they like something and the noun begins with los or las you need to add n onto the end of gusta.**
¿Te gustan....?   Me gustan....... /   No me gustan
(This is because words starting with los or las are in the plural, so gusta also needs to be in the plural.)

a) ¿Te gustan las ciencias? _____

b) ¿Te gustan las matemáticas? _____

---

el deporte   el español   el inglés   la música   la historia   el dibujo   las matemáticas   las ciencias

El horario escolar (The school timetable)

lunes	martes	miércoles	jueves	viernes
inglés	geografía	inglés	ciencias	inglés
matemáticas	geografía	matemáticas	ciencias	historia
r e c r e o				
música	inglés	español	inglés	informática
música	matemáticas	religión	inglés	informática
c o m i d a				
español	deporte	dibujo	matemáticas	geografía
historia	deporte	dibujo	historia	español

Responde a las preguntas: (Answer the questions:)

1) What day is there science? _____

2) What day is there music? _____

3) What day is there art? _____

4) What day is there sport? _____

5) What day is there IT / Computers? _____

6) How many times a week is there maths? _____

7) How many times a week is there Spanish? _____

- lunes - Monday
- martes - Tuesday
- miércoles - Wednesday
- jueves - Thursday
- viernes - Friday
- sábado - Saturday
- domingo - Sunday
- recreo - break
- comida - lunch

 deporte 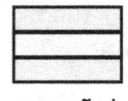 español 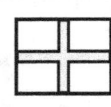 inglés música historia  informática  dibujo 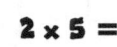 matemáticas  ciencias

Mi asignatura preferida

(My favourite subject)

| **Me gusta** (I like) | **No me gusta** (I don't like) | **Mi asignatura preferida es** (My favourite subject is) |

| **porque** (because) | **es interesante** (it's interesting) | **es divertido** (it's fun) | **es fácil** (it's easy) | **es difícil** (it's hard) |

Hola,

Me gusta el español porque es divertido.

Me gusta la música porque es fácil.

Mi asignatura preferida es el dibujo.

¡ Hasta luego !

Antonio

Hola,

Me gusta la historia porque es interesante.

No me gusta el deporte porque es difícil.

Mi asignatura preferida es el inglés.

¡ Hasta luego !

María

Responde a las preguntas: (Answer the questions:)

it's fun

1) Why does Antonio like Spanish? _____

2) Why does Antonio like music? _____

3) What is Antonio's favourite subject? _____

4) Why does María like history? _____

5) Why does María not like sport? _____

6) What is María's favourite subject? _____

 el deporte 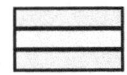 el español 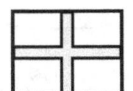 el inglés la música la historia  el dibujo 2 x 5 = las matemáticas  las ciencias

Las asignaturas (subjects)

Busca estas palabras: (Find these words:)

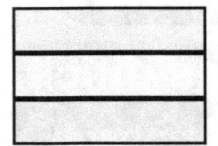 ESPAÑOL
 DIBUJO
 DEPORTE
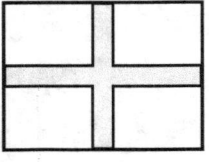 INGLÉS
 MATEMÁTICAS

T	Y	E	S	P	A	Ñ	O	L	S	I	S	A	B	X	P
A	E	D	D	B	E	E	A	C	I	S	Ú	M	K	L	J
B	L	Z	C	E	B	E	G	A	E	Z	T	E	B	C	G
E	K	Y	H	D	E	P	O	R	T	E	B	X	D	B	E
M	S	B	J	K	H	I	S	T	O	R	I	A	S	F	O
D	M	E	L	B	E	G	S	P	S	T	E	G	X	B	G
I	D	B	A	I	N	F	O	R	M	Á	T	I	C	A	R
B	T	X	D	E	C	E	C	S	B	S	B	S	B	Z	A
U	A	T	M	A	T	E	M	Á	T	I	C	A	S	E	F
J	S	E	L	L	C	S	D	D	L	E	S	B	E	B	Í
O	S	E	L	I	N	G	L	É	S	I	S	X	D	E	A
L	E	W	Q	S	C	I	E	N	C	I	A	S	S	D	E

 INFORMÁTICA
 MÚSICA
 GEOGRAFÍA
 HISTORIA
 CIENCIAS

¿Cómo es tu pelo?
(What is your hair like?)

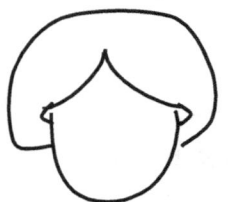

pelirrojo
(ginger)

If someone had ginger hair, they would say:
Soy pelirrojo if they were a boy.
Soy pelirroja if they were a girl.

If you were describing someone else you would say:
Es pelirrojo if you were describing a boy or a man.
Es pelirroja if you were describing a girl or a woman.

For the other hair colours and hair lengths, the Spanish use:

Tengo = I have

Tiene = he or she has

el pelo rubio
(blonde hair)

el pelo castaño
(brown hair)

el pelo negro
(black hair)

el pelo gris
(grey hair)

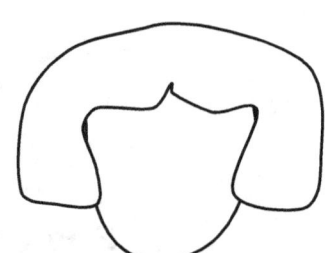

el pelo blanco
(white hair)

el pelo corto
(short hair)

el pelo largo
(long hair)

el pelo bastante largo
(quite long hair)

¿De qué color es tu pelo?

(What colour is your hair?)

Lee las frases y colorea los dibujos en el color adecuado:
(Read the sentences and colour the pictures in the right colour:)

| rubio - blonde | negro - black | castaño - brown |
| pelirrojo/a - ginger | gris - grey | negro - black |

¿De qué color son tus ojos?

(What colour are your eyes?)

1) Colorea los ojos en el color adecuado:
(Colour the eyes in the correct colour:)

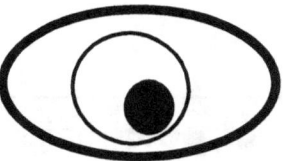 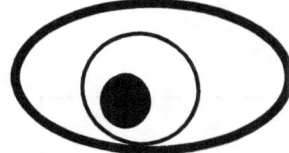 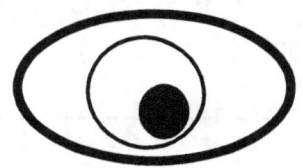 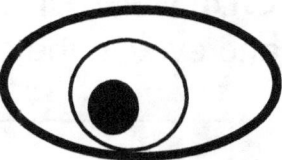

los ojos azules   los ojos verdes
(blue eyes)   (green eyes)

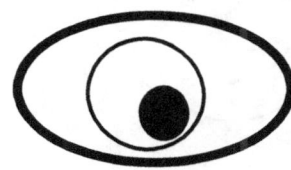 

los ojos marrones
(brown eyes)

2) Escribe las frases en español (Write the sentences in Spanish)

Tengo   los   ojos   azules

a) I have blue eyes   _____ ____ _____ _____ .

b) I have brown eyes   _____ ____ _____ _____ .

c) I have green eyes   _____ ____ _____ _____ .

3) ¿Y tú? ¿De qué color son tus ojos?
(And you? What colour are your eyes?)

_____ ____ _____ _____ .

> For eye colours in Spanish, as we are describing two eyes notice that the colours azul (blue) verde (green) and marrón (brown) have extra letters added on the end. These are masculin plural endings.

¿Cómo es? (What is he / she like?)

Lee las frases. (Read the sentences)
Dibuja el pelo de las personas. (Draw the people's hair)
Colorea el pelo y los ojos en el color adecuado: (Colour the hair and eyes in the correct colour:)

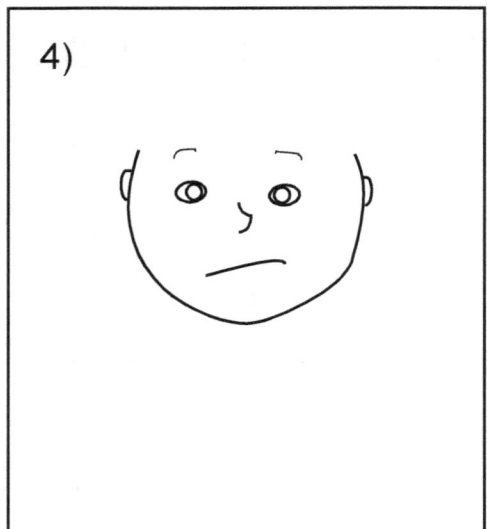

El pelo (hair)

rubio…..blonde
castaño…brown
negro……negro
gris………grey
blanco……white
pelirrojo….ginger

largo……long
corto……short
bastante…quite

Los ojos (eyes)

azules….blue
verdes…green
marrones….brown

Persona 1 tiene el pelo castaño y largo.   Tiene los ojos azules.

Persona 2 tiene el pelo rubio y corto. Tiene los ojos verdes.

Persona 3 es pelirroja. Tiene el pelo largo y los ojos marrones.

Persona 4 tiene el pelo gris, blanco y corto. Tiene los ojos verdes.

¿Quién es? (Who is it?)

First of all read each hair colour in the left hand column, then colour the hair in each row in the correct colour. Use yellow for rubio, brown for castaño, and red or orange for pelirrojo. The black hair colour row has been done for you.

	corto	bastante largo	largo
rubio	1	2	3
negro	4	5	6
castaño	7	8	9
pelirrojo	10	11	12

Now play a guessing game in Spanish with someone in your family or a friend. Each player chooses in secret a person for the other to guess by asking what his/her hair is like. Here are some useful questions to ask:

¿Tiene el pelo rubio? = Is his/her hair blond? ¿Tiene el pelo negro? = Is his/her hair black?
¿Tiene el pelo castaño? = Is his/her hair brown? ¿Es pelirrojo/a? = Is his/her hair red?
¿Tiene el pelo largo? = Is his/her hair long? ¿Tiene el pelo corto? = Is his/her hair short?
¿Tiene el pelo bastante largo? = Is his/her hair quite long?

To say yes say sí. To say no say no as it's the same word in Spanish.

Una carta de Antonio (A letter from Antonio)

Imagina que unos amigos españoles van a visitarte.
(Imagine that some Spanish friends are coming to visit you.)

Lee la carta. ¿Puedes reconocer a los amigos?
(Read the letter. Can you help recognise the friends?)

Hola,

En esta carta, voy a describir a mis amigos:
(In this letter I am going to describe my friends:)

Rosa tiene el pelo castaño y largo. Tiene los ojos verdes.

José tiene el pelo negro y corto. Tiene los ojos marrones.

María tiene el pelo rubio y largo. Tiene los ojos azules.

Rafael tiene el pelo castaño y corto. Tiene los ojos verdes.

Eva es pelirroja. Tiene el pelo corto. Tiene los ojos azules.

¡Hasta luego!

    Antonio.

El pelo
(hair)

rubio.....blonde
castaño...brown
negro......negro
pelirrojo/a...ginger

largo......long
corto......short

Los ojos
(eyes)

azules....blue
verdes...green
marrones....brown

                   María   *Eva*

1) Who has blue eyes? _____   _____

2) Who has brown hair? _____   _____

3) Who has short hair? _____   _____   _____

4) What colour hair does María have? _____

5) What colour hair does Eva have? _____

6) What colour eyes does José have? _____

Las descripciones

```
            P E L O
        B S E H I L H Z
      K I Y C H R U B I O
      R L X A D E G Z S E
    G J A K S P E Y O H O G
    T O R H T Y G J N T M V
    I X G E A C O Q R O J H
    E C O Ñ D E O B L A Y
    N C X T O X C T E N Y G
    E P E L I R R O J O L O
      W B L A N C O E Q R
      I C P E L W R R G I
        T E N G O W E Q
            K H F N
```

Busca estas palabras:
(Find these words:)

PELO	RUBIO	CASTAÑO
GRIS	NEGRO	PELIRROJO
BLANCO	CORTO	LARGO
TENGO	OJOS	

Spanish word game: 3 in a row

 la casa (the house)	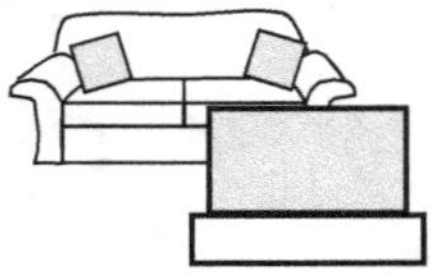 el salón (the living room)	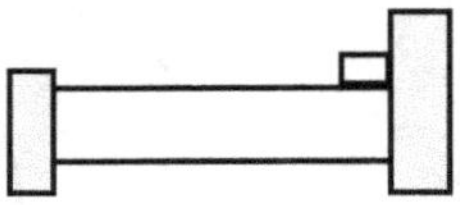 el dormitorio (the bedroom)
 la playa (the beach)	 la piscina (the swimming pool)	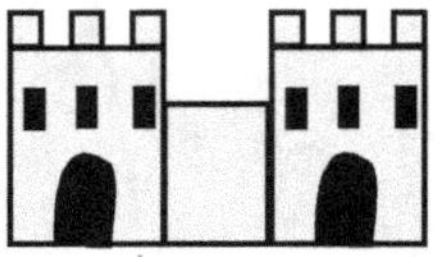 el castillo (the castle)
21 veintiuno (twenty-one)	**30** treinta (thirty)	**40** cuarenta (forty)

Number of players: 2   Each player will need 5 counters
(The counters can be cubes, rubbers or home made on pieces of paper)

Take turns to place one of your counters on the board as you say one of the Spanish words. To win, you need to get three counters in a row either vertically, horizontally or diagonally.

 Games are a fun way to learn a foreign language! If you like games you could try the book: Spanish Word Games - Cool Kids Speak Spanish

Spanish		English		Spanish		English	
las	afueras	the	outskirts	el	garaje	the	garage
las	asignaturas		subjects	la	geografía		geography
	azul		blue		grande		big
	bádminton		badminton		gris		grey
el	balcón	the	balcony		hasta luego		bye
	balconcesto		basketball / netball		hay		there is
	bastante		quite		¿Hay…?		Is there….?
	blanco		white	la	historia		history
la	cafetería	the	café		hola		hello
el	campo	the	countryside	la	informática		IT / Computers
esta	carta	this	letter	el	inglés		English
la	casa	the	house	es	interesante	it's	interesting
las	casas	the	houses	el	jardín	the	garden
	castaño		brown (hair)		¿Juegas?		Do you play?
el	castillo	the	castle		juego		I play
el	centro	the	centre		jueves		Thursday
las	ciencias		science		jugar		to play
mi	ciudad	my	town / city		largo		long
la	cocina	the	kitchen		¿Lees?		Do you read?
el	comedor	the	dining room		leo		I read
	¿Cómo te llamas?		What is your name?		lila		lilac
	corto		short		lunes		Monday
la	costa	the	coast	el	mar	the	sea
el	cuarto de baño	the	bathroom		martes		Tuesday
	delante de		in front of	las	matemáticas		maths
el	deporte		sport		me gusta		I like
	detrás de		behind of		me gusta mucho		I like a lot
el	dibujo		art		Me llamo		My name is
es	difícil	it's	difficult		miercóles		Wednesday
es	divertido	it's	fun		mini-golf		mini-golf
	domingo		Sunday		mucho		a lot
	¿Dónde está..?		Where is…?	la	música		music
el	dormitorio	the	bedroom		¿Nadas?		Do you swim?
	en		in		nado		I swim
	es		is		negro		black
el	español		Spanish		no hay		there isn't
el	este	the	east		no juego		I don't play
es	fácil	it's	easy		no me gusta		I don't like
	fútbol		football	el	norte	the	north

Spanish		English		Spanish	English
el	oeste	the	west	uno	one
	ojos		eyes	dos	two
el	parque	the	park	tres	three
mis	pasatiempos	my	hobbies	cuatro	four
	¿Patinas?		Do you skate?	cinco	five
	patino		I skate	seis	six
	pelirrojo/a		red / ginger	siete	seven
	pequeño		small	ocho	eight
	persona		person	nueve	nine
	ping-pong		table tennis	diez	ten
la	piscina	the	swimming pool	once	eleven
el	piso	the	flat	doce	twelve
la	playa	the	beach	trece	thirteen
	porque		because	catorce	fourteen
	¿Qué?		what?	quince	fifteen
la	religión		religion	dieciséis	sixteen
el	restaurante	the	restaurant	diecisiete	seventeen
	rojo		red	dieciocho	eighteen
	rosa		pink	diecinueve	nineteen
	rubio		blonde	veinte	twenty
	rugby		rugby	veintiuno	twenty one
	sábado		Saturday	veintidós	twenty two
el	salón	the	living room	veintitrés	twenty three
el	supermercado	the	supermarket	veinticuatro	twenty four
el	sur	the	south	veinticinco	twenty five
	tengo		I have	veintiséis	twenty six
	tenis		tennis	veintisiete	twenty seven
	tiene		he / she has	veintiocho	twenty eight
	verde		green	veintinueve	twenty nine
	viernes		Friday	treinta	thirty
	vivo		I live	treinta y uno	thirty one
				treinta y dos	thirty two
				treinta y tres	thirty three
				treinta y cuatro	thirty four
				treinta y cinco	thirty five
				treinta y seis	thirty six
				treinta y siete	thirty seven
				treinta y ocho	thirty eight
				treinta y nueve	thirty nine
				cuarenta	forty

Answers

Page 3

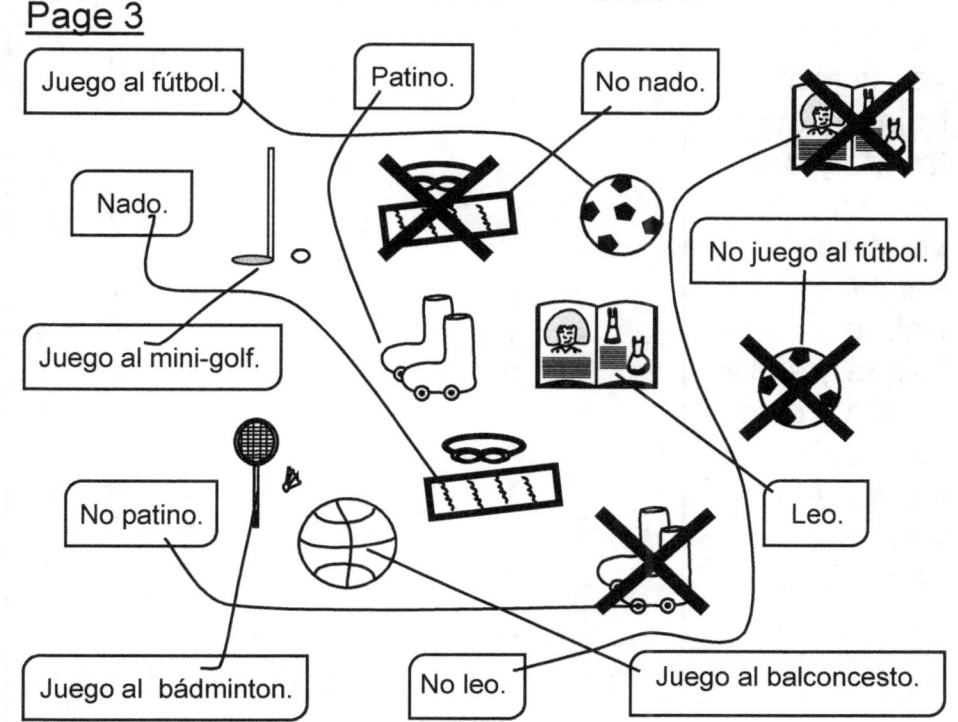

Page 4

1) Susana
2) Rafaeil
3) Eva
4) Eva
5) Susana
6) Eva and Susana

Page 5

1) ¿Juegas al ping-pong?
2) ¿Juegas al baloncesto?
3) ¿Juegas al mini-golf?
4) ¿Jueagas al fútbol?
5) ¿Juegas al tenis?
6) ¿Juegas al rugby?
7) ¿Juegas al bádminton?

Page 6

1) Me llamo (then write your name).

If you do the activity:	If you don't do the activity:
2) Juego al fútbol.	No juego al fútbol.
3) Juego al mini-golf.	No juego al mini-golf.
4) Nado.	No nado.
5) Patino.	No patino.
6) Leo.	No leo.

Page 7

1) Wednesday
2) Saturday
3) Monday
4) Thursday
5) Sunday
6) Tuesday
7) Friday

Page 8

```
            L
          E       O
      N     O  F  N       S
              L  I      I   F
        A
        D   Y  O  T     N     Ú
      O B    G    A       E    P  T
      G  I     P     T         I  B
    U    N                      N  O
  R   I         D E P O R T E    G  L
  M                                P
      B Á D M I N T O N           P
                                   O
                                   N
      B A L O N C E S T O G
```

Page 10

a) veintiuno
b) veintitrés
c) veinticinco
d) veintinueve
e) veinticuatro
f) treinta
g) veintisiete
h) veintiocho
i) veintiséis

Page 11

a) veintiuno
b) veinticuatro
c) veinticinco
d) veintiocho
e) treinta
f) veintidós
g) veintisiete
h) veintiséis
i) veintiocho

Page 12

a) 38 treinta y ocho
b) 39 treinta y nueve
c) 34 treinta y cuatro
d) 33 treinta y tres
e) 35 treinta y cinco
f) 31 treinta y uno
g) 36 treinta y seis
h) 32 treinta y dos
i) 37 treinta y siete

Page 13

a) treinta y uno
b) treinta y ocho
c) treinta y siete
d) treinta y dos
e) treinta y nueve
f) treinta y tres
g) treinta y cinco
h) cuarenta
i) treinta y cuatro

Page 14

a) 26 veintiséis
b) 25 veinticinco
c) 38 treinta y ocho
d) 32 treinta y dos
e) 24 veinticuatro
f) 23 veintitrés
g) 21 veintiuno
h) 39 treinta y nueve
i) 37 treinta y siete
j) 35 treinta y cinco
k) 28 veintiocho
l) 31 treinta y uno
m) 22 veintidós
n) 27 veintisiete

Page 15

```
T R E I N T A Y S I E T E
              V E I N T I C I N C O
T   T R E I N T A Y C U A T R O
R           T R E I N T A Y T R E S
E                       V         T
I           T           E   V     R
N           R           I   E     E
T   V       E           N   I     I
A   E   I               T   N     N
Y   I   N               I   T     T
O   N   T               N   I     A
C   T   A               U   U     
H   I   Y               E   N     A
O   D   U               N   O   T 
    Ó   N               V       N E
    S   O               E       E
                            E   T
    V E I N T I C U A T R O R   N
T R E I N T A Y S E I S A   I
                        U   E
V E I N T I O C H O C   V
```

Page 17

1) la casa
2) el piso
3) el dormitorio
4) la cocina
5) el comedor
6) el cuarto de baño
7) el salón
8) el jardín

Page 18

1) Juan
2) Eva
3) José
4) Anna

Page 20

1) big
2) blue
3) it's pink
4) three
5) in the garden

Page 19

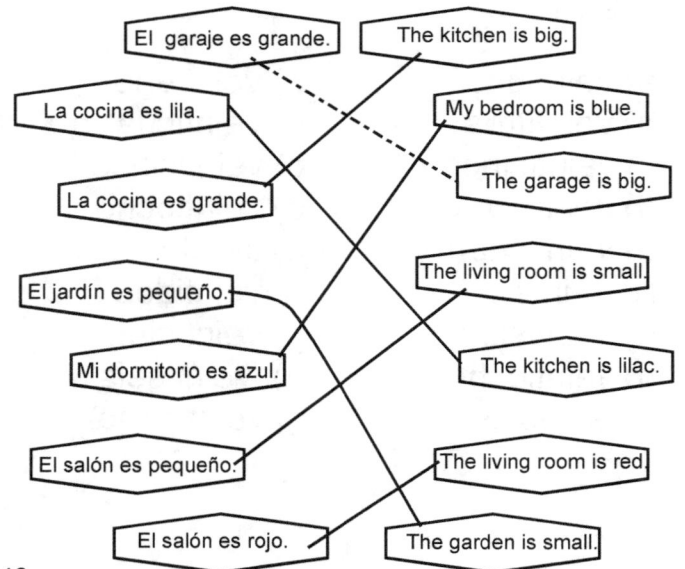

Page 21

C	U	A	R	T	O	D	E	B	A	Ñ	O		
			A		E								C
		S		J		C	O	C	I	N	A	D	O
	A		A		Y						O		M
C		R		A							R		E
	A		H							M		D
G				G	R	A	N	D	E	I		O
	P	E	Q	U	E	Ñ	O				T		R
			O								O	
		S		B	A	L	C	Ó	N		R	
	I			J	A	R	D	Í	N		I	
P		S	A	L	Ó	N					O	

Page 24

1) ¿Dónde está el restaurante?
2) ¿Dónde está el parque?
3) ¿Dónde está la cafetería?
4) ¿Dónde está la piscina?
5) ¿Dónde está la playa?
6) ¿Dónde está el castillo?
7) ¿Dónde está el supermercado?
8) ¿Dónde está el mar?

Page 25

the beach	la playa
the swimming pool	la piscina
the city	la ciudad
the house	la casa
the flat	el piso
the castle	el castillo
the park	el parque
the supermarket	el supermercado
the restaurant	el restaurante

a beach	una playa
a swimming pool	una piscina
a city	una ciudad
a house	una casa
a flat	un piso
a castle	un castillo
a park	un parque
a supermarket	un supermercado
a restaurant	un restaurante

Page 26

1a) a swimming pool and a park
b) a beach

2) Your answers should be about your town:

Hay = there is	No hay = there isn't
a) Hay un castillo	No hay un castillo
b) Hay una playa	No hay una playa
c) Hay un supermercado	No hay un supermercado
d) Hay un parque	No hay un parque
e) Hay una piscina	No hay una piscina

Page 27

1) Miguel
2) Carlos
3) Inma
4) Anna

Page 28

```
                                    C
   P I S C I N A                    I
                                    U
         C A F E T E R Í A          D
                                    A
                                    D
               C A S T I L L O

         R E S T A U R A N T E
               S             R
         A                   A
       S                 M
     A
   C       S U P E R M E R C A D O

               P L A Y A
```

Page 31

If you like the subject answer:	If you don't like the subject answer:
1a) Me gusta el español.	No me gusta el español.
b) Me gusta el inglés.	No me gusta el inglés.
c) Me gusta la música.	No me gusta la música.
d) Me gusta el deporte.	No me gusta el deporte.
e) Me gusta el dibujo.	No me gusta el dibujo.
f) Me gusta la historia.	No me gusta la historia.
2a) Me gustan las ciencias.	No me gustan las ciencias.
b) Me gustan las matemáticas.	No me gustan las matemáticas.

Page 32

1) Thursday
2) Monday
3) Wednesday
4) Tuesday
5) Friday
6) four times
7) three times

Page 33

1) it's fun
2) it's easy
3) Art
4) it's interesting
5) it's hard
6) English

Page 34

		E	S	P	A	Ñ	O	L				
					A	C	I	S	Ú	M		
												G
			D	E	P	O	R	T	E			E
				H	I	S	T	O	R	I	A	O
D												G
I		I	N	F	O	R	M	Á	T	I	C	A R
B												A
U			M	A	T	E	M	Á	T	I	C	A S F
J												Í
O				I	N	G	L	É	S			A
L			C	I	E	N	C	I	A	S		E

Page 36

The pictures should be coloured as follows:

Tengo el pelo rubio = I have blonde hair - so use a yellow to colour
Tengo el pelo castaño = I have brown hair - so use a brown to colour
Tengo el pelo negro = I have black hair - so use a black to colour
Tengo el pelo gris = I have grey hair - so use a grey to colour
Tengo el pelo blanco = I have white hair - so use a white to colour
Soy pelirroja / Soy pelrrrojo = I have red hair - so use a red or an orange to colour

Page 37

Los ojos azules - blue eyes - so use a blue to colour
Los ojos verdes - green eyes - so use a green to colour
Los ojos marrones - brown eyes - so use a brown to colour

2a) Tengo los ojos azules   b) Tengo los ojos marrones   c) Tengo los ojos verdes

Page 38

Person 1 has long brown hair and blue eyes.

Person 2 has short blonde hair and green eyes.

Person 3 has long red hair and brown eyes

Person 4 has short, grey and white hair and green eyes.

Page 40

1) Maria and Eva
2) Rosa and Rafael
3) Jose, Rafael and Eva
4) blonde
5) ginger
6) brown

Page 41

```
                          P E L O
                S
                I    C    R U B I O
              R L    A          S
            G   A    S       O   O
            T   R    T       J   T
            I   G    A       O   R
            E   O    Ñ           O
            N        O   C
            E P E L I R R O J O   O
              B L A N C O         R
                                  G
                T E N G O    E
                             N
```

© Joanne Leyland   First edition: 2017   Second edition: 2018   Third edition: 2022
No part of this book can be photocopied or reproduced digitally without the prior written agreement of the author.

Also available by Joanne Leyland:

French
Young Cool Kids Learn French
First Words In French Teacher's Resource Book
Cool Kids Speak French (books 1, 2 & 3)
French Word Games - Cool Kids Speak French
40 French Word Searches Cool Kids Speak French
Photocopiable Games For Teaching French
First 100 Words In French Coloring Book Cool Kids Speak French
French at Christmas time
On Holiday In France Cool Kids Speak French
Cool Kids Do Maths In French
Un Alien Sur La Terre
Le Singe Qui Change De Couleur
Tu As Un Animal?

Italian
Young Cool Kids Learn Italian
Cool Kids Speak Italian (books 1, 2 & 3)
Italian Word Games - Cool Kids Speak Italian
40 Italian Word Searches Cool Kids Speak Italian
First 100 Words In Italian Coloring Book Cool Kids Speak Italian
On Holiday In Italy Cool Kids Speak Italian
Un Alieno Sulla Terra
La Scimmia Che Cambia Colore
Hai Un Animale Domestico?

German
Young Cool Kids Learn German
Cool Kids Speak German (books 1, 2 & 3)
German Word Games - Cool Kids Speak German
40 German Word Searches Cool Kids Speak German
First 100 Words In German Coloring Book Cool Kids Speak German

Spanish
Young Cool Kids Learn Spanish
First Words In Spanish Teacher's Resource Book
Cool Kids Speak Spanish (books 1, 2 & 3)
Spanish Word Games - Cool Kids Speak Spanish
40 Spanish Word Searches Cool Kids Speak Spanish
Photocopiable Games For Teaching Spanish
First 100 Words In Spanish Coloring Book Cool Kids Speak Spanish
Spanish at Christmas time
On Holiday In Spain Cool Kids Speak Spanish
Cool Kids Do Maths In Spanish
Un Extraterrestre En La Tierra
El Mono Que Cambia De Color
Seis Mascotas Maravillosas

English as a foreign language
Cool Kids Speak English (books 1 & 2)
First Words In English - 100 Words To Colour & Learn

The word search editions have 40 topics in each book. The word searches are in fun shapes. Pictures accompany the words to find.

The first 100 words colouring book editions have 3 or 4 words per page, and are ideal for those who like to colour as they learn.

The stories in a foreign language have an English translation at the back.

If you like games, you could try the word game editions.

The holiday editions have essential words & phrases in part 1. And in part 2 there are challenges to use these words whilst away.

For more information on the books available, and different ways of learning a foreign language go to https://learnforeignwords.com

www.ingramcontent.com/pod-product-compliance
Lightning Source LLC
Chambersburg PA
CBHW080035120526
44588CB00035B/2521